AF598814

EL DESTINO SE ESCRIBE EN VERTICAL

JORGE FÉRMEZ

Aliarediciones

Corrección: Eladia Guerrero
Diseño de cubierta: Jorge Férmez
Maquetación: Aliar Ediciones

Depósito Legal: GR 1543-2025
ISBN:979-13-88058-06-6

Impreso en España

Edita
ALIAR Ediciones
www.aliarediciones.es
info@aliarediciones.es

EL DESTINO SE ESCRIBE EN VERTICAL

JORGE FÉRMEZ

A los valientes que aún se atreven a amar honestamente.

INTRODUCCIÓN

Tengo una convicción: el destino, como todo lo que se vive con intensidad, se escribe en vertical.

En esas líneas ascendentes y descendentes conviven mis recuerdos, mis silencios y las emociones que me atraviesan. Nunca imaginé que todo lo que he escrito en mi vida acabaría reunido en un libro, y sin embargo, aquí está. Te invito a asomarte a mis experiencias, a mis deseos y a mis dudas; a caminar por la intimidad de mis sentimientos y a descubrir que el amor y la vulnerabilidad son, para mí, el único lenguaje posible.

Cada poema que encontrarás aquí es un reflejo de lo vivido, un susurro que busca ser escuchado, un grito que a veces debió ser callado. No pretendo dar respuestas, sino abrir espacios: donde lo frágil se encuentra con lo potente, donde lo perdido dialoga con lo presente y donde lo cotidiano se vuelve extraordinario por la intensidad de la mirada que lo observa.

Escribo con el impulso de quien sabe que la emoción es efímera. Si no la nombro, si no lo escribo, se desvanece. Y lo hago no solo para narrar experiencias; escribir es también un refugio donde cada emoción puede existir sin juicios. En este libro, el amor no es solo un tema: es el cimiento que sostiene cada palabra, cada verso, cada página.

Y cada una de esas emociones deja una huella. Lo que he tardado dieciocho años en escribir me descubre algo que me fascina: lo que en su día fue una caricia acabó doliendo y luego dejando una cicatriz, que con el tiempo se convirtió en arruga, como los capítulos que forman este libro.

Abro mi mundo sin miedo y, al hacerlo, te invito a abrir el tuyo. A mirar la vida en su verticalidad, donde cada emoción y vivencia se apilan y se entrelazan, sosteniéndonos.

Este libro es, sobre todo, un acto de amor: hacia la vida, hacia la memoria y hacia el poder transformador de la poesía.

Espero que lo disfrutes.

LA CARICIA

SUSÚRRAME

Susúrrame tus entrañas,
tus noviembres
y tus impudencias,

y te hago un lado en mis vaivenes,
mis diciembres
y mis poesías.

AVENTURERO

Abraza sus miedos,
es honesto con su alma
y generoso con su calma
incluso cuando no llega a encontrarla.

CUARENTENA

Me ha pillado por sorpresa.

Y en la desprevención de mi ilusión me regocijo, saltando por las zanjas de los días que nublan a la mayoría de lo contrario. Lo hago sigiloso, cauto y, por lo que pueda pasar, también receloso. No quiero volver a verme llevado por el viento que provoca los temores de los amores poco románticos. Dice Espido Freire que el amor romántico se da por hecho, pero él me confiesa que siente que no es así, y yo, como siempre, estoy de acuerdo.

«¿Dónde sueles escribir?», me pregunta.

En la profundidad de tus ojos sin ni siquiera haberlos visto, pienso.

«Donde pille», le contesto.

Cauteloso también por sentir que esta vez algo es diferente.

El móvil no vibra igual y el reconocimiento facial me detecta ahora más sonriente.

A veces ni me reconoce, y es normal porque tampoco lo hago yo. No sé si es cuestión de reflejos o si estará también cambiándome en cómo soy. Creo que será capaz de muchas cosas —ha sido capaz de hacerme volar cuando más encerrado estoy—.

La voz del pódcast me cuenta que lo último que pensamos por la noche duerme con nosotros. Ha sido entonces capaz también de venirse a dormir conmigo las últimas noches de esta tregua, de esta paz y quietud mundial.

Me regala el pensamiento: ojalá las historias de amor fuesen ahora como las de antes. Y yo, que una vez más vuelvo a estar de acuerdo, lo animo a profundizar en ese y en otros sentimientos, me gusta leerlo, saber cómo piensa y qué vivencias han hecho de él quien hoy es. Profundiza: antes todo era más lento, había más respeto.

Me alegra leerlo, se asemeja a lo nuestro.

Algunos deliran, salen diez veces a pasear al perro, tienen demasiado tiempo. Yo la mayor parte del mío lo estoy dedicando a él en mis pensamientos.

Si lo bonito es que fuesen lento, pues... es parecido a esto. Un día, y otro, con otra conversación, y otra, y otro día, y otro. Sin olernos ni vernos, ni tocarnos, ni sentirnos.

Cuando lea esto ya no hará falta que disimule: estoy contento de que se haya cruzado conmigo y que mis buenos días estén ahora siempre acompañados de corazones azules.

DOS HERMANAS

Apenas nos hemos pedido un vino y empieza a llover en Dos Hermanas.
Vamos juntos, sin paraguas, y caminas por mi izquierda.
A tu lado hasta las lluvias más torrenciales son más livianas.
Tu sonrisa ha hecho que vuelva a salir el sol —no sé si lo recuerdas—.

4:08

Creo que anoche me enamoré de ti.
De nuestro baile mientras sonaba *Tabú* y de lo que pasó en el baño.
Del último chupito y de la primera caricia.

Me enamoré y hoy no recuerdo ni cómo te llamas.

ALMÁCHAR

Las tardes en Almáchar deberían ser Patrimonio de la Humanidad.
No he descubierto muchos sitios donde ser tan feliz con tanta facilidad.

No viví muchos momentos allí de niño, pero descubriendo cada uno de sus rincones ocultos vuelvo a serlo aun siendo adulto.

Las calles de Almáchar deberían ser Patrimonio de la UNESCO.
Y de serlo, deberían serlo también las charlas en ellas con los vecinos al fresco.

No soy creyente, pero ante el Santo Cristo de la Banda Verde lo normal es que todo el pueblo se paralice, y es imposible que, al verlo, el vello no se te erice.

Las fiestas de Almáchar deberían ser Bien de Interés Cultural.
Al menos una vez en la vida deberías ir a su feria, al Ajoblanco, la Función o el carnaval.

PARA A.: TE QUIERO

A veces, desgastamos el valor de los «te quiero» por repetirlo mucho o regalarlo a veces.
A veces, valen más los «te quiero» que se callan que los que se gritan.
Y quizás por eso te quiera yo tanto y te lo diga tan poco: porque el cariño y el afecto se entienden más cuando se sienten que cuando se dicen.
Y por eso eres tan importante para mí, porque no necesitas que te diga «te quiero» para saber que lo hago.
Pero hoy que te tengo tan lejos me apetecía recordártelo.

Te quiero.

APUESTA

Apostaría por una vida
con tus costumbres y tus manías.
Aunque me cuesten revivir la herida
y discusiones por tonterías.

Apostaría por tu risa
incluso cuando llega tarde.
Aunque lo hagas por ir sin prisa
y al descubrirlo me desarme.

Apostaría por tus silencios,
tus gestos y tus ojos.
Aunque parezcan desprecios
y esté al servicio de tus antojos.

NICO

Hola, Nico.

Me ha contado mamá que estás aprendiendo a leer y que incluso lo haces muy bien. ¿Sabes?, leer es una de las cosas que más libre te harán ser. Leyendo podrás volar a donde quieras. Leyendo podrás amar y olvidar, y leer te ayudará también a recordar. Leyendo a veces podrás soñar despierto y otras te ayudará a conciliar el sueño.

Me ha contado mamá que estás aprendiendo a ser libre.

Yo siempre había querido escribirte, pero tengo que confesarte que antes no le encontraba el sentido a hacerlo básicamente porque no podrías leerlo, hasta ahora que sé que tienes la capacidad para hacerlo.

Lo entiendes, ¿verdad?

Si no supieras leer, yo podría escribirte que cuando aparezco y al verme corres hacia mí gritando «Titiiiiii» con la sonrisa más bonita del mundo y nos abrazamos me desmoldas; pero nunca lo sabrías.

Si no supieras leer, yo podría hablarte sobre aquello de que no es necesario ser de la misma sangre para querer como yo te quiero a ti, y que soy tu «Titi» porque mamá es como una hermana para mí, pero nunca lo entenderías.

Si no supieras leer, podría dejarte escrito aquí que cuando me pones tu cara de sinvergonzón y me guiñas, justo en ese preciso momento, me siento ganador de todas las batallas y no importan el resto de las miradas, porque siempre es verano en la tuya, pero tú no te enterarías.

Nico, si no supieras leer, esto solo sería un puñado de letras para ti, pero ahora que lo sabes hacer te lo puedo decir:

Te adoro, enano.

Eres muy importante para mí.

TÚ TAN YO

Tú tan a lo tuyo y yo tan a lo de nadie.
Tú tan lejos y yo tan sin encontrarme.
Tú tan fuego y yo tan sangre.

Tú tan lindo y yo tan sin acercarme.
Tú tan de mojo y yo tan de hambre.

Tú tan de «me gustas»
y yo tan de «y tú tanto que me asusta».

YLLO

Creo que no me entiendes.
Te echo de menos, y no me entiendes.
Te he mirado a la cara y te he dicho «te quiero» y me has devuelto la mirada, pero creo que no lo haces.
No me entiendes.
¿Cómo puedo hacerte entender lo importante que eres para mí?

Pienso ir a verte.
Pienso hacerlo.
Pienso tirarme horas haciendo lo que te apetezca.

Ojalá todos supieran de la magia de pasar ratos contigo.

CHICLANA

Voy de copiloto
y he leído en mi móvil
que viene
una ola de calor inhumana.

Dejo el móvil
para provocar entre tus piernas
otra ola de calor
mientras conduces por Chiclana.

PARA J. RENACUAJO

Has aparecido de repente y por sorpresa.
Como hacen los peores tsunamis y los huracanes más fuertes.
La diferencia es que ellos provocan devastaciones
y tú algo parecido a un milagro.
Ojalá pudieras ver en el espejo lo que veo yo cuando te tengo frente a mí.
Solo así podrías entender el temblor que me recorre cuando te
sientas a mi lado en el coche y dices: «Ay, te he echado mucho de menos».
Ahí,
justo en ese preciso momento,
se para el mundo.
Y también todos los tsunamis, huracanes y volcanes.
Todo lo malo acaba.
Gracias por ser el ~~desastre~~ milagro natural que necesitaba.

DE PELÍCULA

«Hazme cosquillitas» como precuela de un polvo,
«quédate a dormir», como secuela de él.

ÁNGELES

Siempre estás a una llamada de distancia para salvarme.

Siempre aciertas.

No sé cómo haces para que siempre me hagas sentir capaz de todo, hasta cuando no puedo con nada.

Siempre calmas.
Siempre atenta.
Siempre sanas.
Siempre alerta.

No sé cuánto durarán estas noches de insomnio, pero cuando logro recordar que te tengo no me importa si duran poco o mucho tiempo.

Siempre buena.
Siempre honesta.
Siempre ordenas.
Siempre dispuesta.

No sé cómo hacen los pobres que no tienen tu amistad y piensan que lo tienen todo.
Cómo conseguirán ellos recomponerse y salir de sus lodos.

Siempre enseñas.
Siempre luchas.
Siempre risueña.
Siempre escuchas.

No sé cómo hacía antes de conocerte.
Pero me faltará vida para devolverte lo que haces por mí.

Qué fácil es quererte.

MIEDO

El miedo a volar
es el peor enemigo
del echar de menos.

DESPERTAR

A mí siempre me dio pereza despertarme,

hasta que empecé a hacerlo a tu lado.

PRAIA DA MARINHA

Ni las zapatillas llevábamos puestas.
Ninguno de los dos sospechábamos cuando empezamos a andar lo que poco después viviríamos.
Solo me acompañaba el bañador y ella —que de por sí ya es aventurera—.
Sorteamos algas, escalamos rocas, saltamos precipicios, nadamos a mar abierto y llegamos a un lugar casi quimérico imposible de describir.
Una cueva inmensa, con una orilla virgen, con las pisadas tan solo de las gaviotas, con el sonido del oleaje del mar retumbando en toda la bóveda, con la oscuridad más pronunciada cuanto más te adentrabas y con esa orilla antipodal.
Le dije: de todas las cosas que he visto en mi vida, seguro que esta es la más bella.
Lo que no le conté es que lo más bonito fue vivirlo junto a ella.

SONRISA

Antes de que llegaras,
mi sonrisa sabía esbozarse sola.
Pero llegaste y sabía aún mejor,
porque sabía a tu boca.

LA HERIDA

ME ESTOY ACORDANDO DE TUS LABIOS

Me estoy acordando de tus labios.
Pero no de cuando los besaba.

Tampoco de cuando los sellabas,
por no saber qué decir
o por miedo a herirme al hacerlo.

Me estoy acordando de tus labios.
Pero no de sus surcos cuando ponías cara de pillo.

Tampoco de cuando me susurraban en el oído derecho,
por no saber qué más hacer para ayudarme a dormir.

Me estoy acordando de tus labios.
Pero no de cuando sonreían.

Tampoco de cuando los mordía,
por no saber qué hacer ya con tanto éxtasis entre nosotros.

Me estoy acordando de tus labios cuando se ponían morados
mientras bebíamos vino.

La primera vez pensé en la paradoja de que algo así en los labios
ocurre cuando sientes un frío atroz, y sin embargo aquello era

algo más parecido a un incendio feroz —que solo tardamos 24 horas en apagar (o avivar)—.

Me estoy acordando de tus labios, pero también de lo que me contaron.

Tus labios, morados, me contaron que hubo alguien que te hizo daño, mucho daño.
Que te invalidaron.
Que hubo alguien que no solo no te valoró, sino que nunca fue capaz de ver que hasta de tus labios morados se podría escribir poesía —imagina qué podría haber hecho yo con 912 amaneceres a tu lado—.

Tus labios, morados, me contaron que te rompieron.
Que te hundieron.
Que hubo alguien que no solo te trató mal, sino que nunca fue capaz de ver la de magia que existe hasta en tus silencios —imagina qué podría haber hecho yo con 912 noches a tu lado—.

Tus labios me contaron que se te ponían así por el vino tinto.
Yo nunca te lo dije, pero sabía que no, que era algo distinto.

Era tu corazón,
somatizando a través de tus labios,
porque de tantas heridas
estaba amoratado.

Era tu corazón,
somatizando a través de tus labios,
que aún con heridas
seguía enamorado.

PARA C.

Nunca estamos satisfechos con lo que tenemos, es un hecho.

Antes, cuando dormíamos y estabas a mi lado, echaba en falta que fueses un poco más cariñoso.

Ahora echo en falta el antes,
cuando dormíamos y estabas a mi lado.

HUIDA 1.0

Te dejaste un sorbo de café sin beber en la taza,
un soplo de aire entrando por la ventana,
los restos de tu cena favorita sin recoger
y tu lado de la cama revuelto y a medio hacer.

Me dejaste en trizas
—y en trozos—,
los sollozos de mis sonrojos,
cada vez que me hacías caricias.

Te dejaste todo lo que aún no habías vivido.

Me dejaste recogiendo sueños recién despiertos y desleídos.

JUEVES, 21/01/21

05:12 h. Inicio de la nota.

Acabo de despertarme de un sueño.
Un sueño en el que volvías.
Te presentabas por sorpresa en casa.
Te he besado. Te he besado mil veces y no me he despertado.
Hemos ido juntos en el coche, nos hemos vuelto a dejar la voz cantando. «Solo estoy aquí dos días», me decías.
Pero vámonos, te quiero enseñar mi isla.
E íbamos y me presentabas a tu familia.
A tu mamá, que me decía: «Ñoh, chacho, ¡por fin te conocemos, con lo que el niño nos habló de ti!...».
A tus hermanas, a tus sobrinas.

Te he vuelto a besar
y he vuelto a no despertarme.
Conocía tu calle, desde la que me llamabas cuando ibas camino a la guagua para ir a clase, cuando todo era tan distinto.
Conocía a Laura
y también a Belén.
Y nos seguíamos besando
y seguía sin despertarme.

Mi madre, desde Málaga, llamaba a todas sus amigas para contárselo, feliz por ver lo que hacías por mí, por pasar al menos dos días conmigo, después de dos años sin vernos.

He vivido los dos días completos en el sueño. No he tenido un sueño tan largo en mi vida.

Y nos hemos besado mil veces más y en ninguna de ellas me he despertado.
Al día siguiente, cuando tu hermana mayor nos llevaba al aeropuerto para yo volver a casa y tú volver muy lejos, toda tu familia estaba allí para despedirte de nuevo.
Y me sonreías y me decías: «Llevo ya dos semanas aquí con ellos porque se acabó, he vuelto para siempre y tengo mis maletas y a mi familia aquí porque vuelo, pero esta vez a donde voy es contigo, para siempre».
Y me besabas otra vez, y toda tu familia aplaudía.

Y todo el aeropuerto lo hacía.

Pero sí me he despertado esta vez.

05:24 h. Fin de la nota.

OTOÑO

Debe ser que es otoño en mí.
Mis sueños, las ganas y las fuerzas han empezado un vuelo.
Debe pasarme eso porque han marchitado y probablemente acaben en el suelo.
Es confuso, porque los calendarios dicen que es verano, pero yo siento que es otoño en mí y el verano queda aún lejano.
Es confuso, porque yo hace nada era como un parque en primavera: con árboles frondosos y lleno de las flores que todo hombre quisiera.
Pero lo único que florece son los miedos, el dolor, la tristeza y las reflexiones.
Debe ser porque es otoño en mí, y mi corazón no entiende de estaciones.

ETÍLICO

Entendí la importancia de que apareciera.

No fue solo entonces, pero me ayudó el chismorreo sórdido.

Y ardido,
decidí
hacer
oídos
sordos.

LO ENTENDÍ TARDE

Es 27 de mayo de 2019 y son las 02:38 h de la madrugada. Aún no he podido conciliar el sueño y revisando el álbum de mi móvil he visto un vídeo —creo que por primera vez— del 18 de enero a las 16:15 h.
Está grabado por él.
Salgo yo de espaldas, con vistas a Frigiliana, cabizbajo, y él tras de mí, sacando su mano con el dedo índice estirado para darme toquecitos en la cabeza, en el cuello, en la cara.
Yo me resigno y casi diría que estoy enfadado.
Él me susurra nuestro mote, como buscando mi mirada a cámara y una sonrisa esbozada, aunque sea a medias.
Pero esa sonrisa no llega y él corta la grabación.

Es ahora cuando entiendo que esa era su forma de darme cariño.
Y me derrumbo.

TE PIENSO

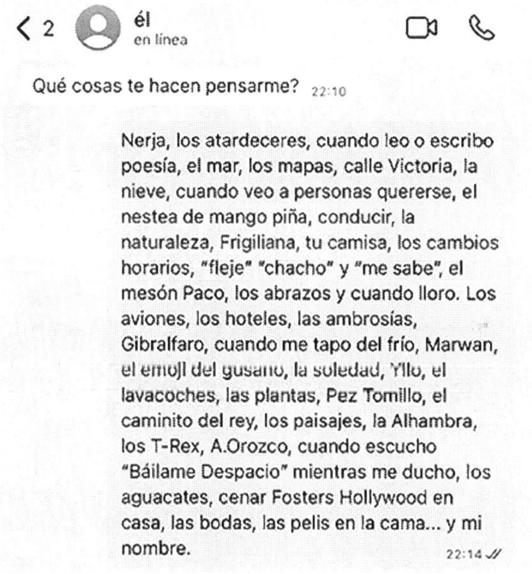

< 2 él
en línea

Qué cosas te hacen pensarme? 22:10

Nerja, los atardeceres, cuando leo o escribo poesía, el mar, los mapas, calle Victoria, la nieve, cuando veo a personas quererse, el nestea de mango piña, conducir, la naturaleza, Frigiliana, tu camisa, los cambios horarios, "fleje" "chacho" y "me sabe", el mesón Paco, los abrazos y cuando lloro. Los aviones, los hoteles, las ambrosías, Gibralfaro, cuando me tapo del frío, Marwan, el emoji del gusano, la soledad, Yllo, el lavacoches, las plantas, Pez Tomillo, el caminito del rey, los paisajes, la Alhambra, los T-Rex, A.Orozco, cuando escucho "Báilame Despacio" mientras me ducho, los aguacates, cenar Fosters Hollywood en casa, las bodas, las pelis en la cama... y mi nombre. 22:14

SALVA(MO)MENTO CANARIO

Hoy he recordado, Elena,
cuando me abriste la puerta
y volqué en tus hombros mi pena.
Casi olvido aquel momento,
en el que pudiste volver a ver
que no siempre soy lo que aparento.
Casi olvido que me miento,
cuando me cuesta avanzar,
y es por no recordar ese momento
en el que, en tu puerta,
mi pena
fue mi mayor condena.

PARA A.: LA DECEPCIÓN

Recuerdo que alguna que otra vez me he imaginado escribiéndote algo. Ya lo hice una vez —fue algo corto y breve— sobre un pañuelo, a modo de agradecimiento. Pero me lo imaginaba más extenso, más pensado y elaborado. Yo soy muy de escribir cartas: a mis amigos, a mis amores, a mis miedos, a mi familia, a mí mismo. Encuentro en la escritura una vía de escape, un modo de volar, yo, que tanto miedo me dan los aviones, escribo y me monto en ellos, y elijo el destino y el tiempo, lo elijo todo. Lo que nunca he llegado a imaginar es que cuando te escribiera algo sería extenso y pensado, sí, pero no que sería así.

No tengo derecho a pedirte explicaciones, pero ni aun teniéndolo las querría. No quiero conversar sobre esto, solo quiero que me escuches. Soltarlo todo y que me escuches. Ser nuevamente honesto contigo, como siempre siempre he sido. Quiero que seas consciente de cómo me siento y de lo que siento. Y no vamos a entrar en si llevo razón o no, en cuestiones de sentimientos no hay razones, uno no elige lo que siente, y sería bastante malicioso elegir el cómo hacer sentir a alguien.

Tú me has hecho sentir especial y, en realidad, he resultado no serlo. Me has dicho que era más que un pasatiempo, pero te saltaste, como mínimo, que era un másqueunpasatiempo entre otro u otros que también lo eran. Y oye, nada nos debíamos y si algo somos es libres, pero yo no me he creído especial, especial me has hecho sentir tú, a conciencia, aposta, deliberadamente. Y he resultado no serlo, y no hay mayor evidencia de falta de honestidad que esto que te cuento.

Lo que yo no me imaginaba es que poniendo fin a esto que teníamos, poniendo fin a nuestros encuentros —tan espaciados en el tiempo, por cierto— yo mismo me haría sentir muchísimo más especial de lo que me has hecho sentir tú, pero resultando serlo de verdad.

«No hay tiempo», decías.

«Mi cama sin ti no tiene sentido», decías.

«Sabes que, por mí, nos veríamos mucho más», decías.

«Me quiero ir contigo a una casa rural bonita, y hacer migas, y jugar a juegos de mesa», decías.

«Podríamos irnos un fin de semana a Marruecos», decías.

Te has imaginado muchos planes, pero los has verbalizado, y todos eran conmigo. Los has verbalizado y me has hecho partícipe, y yo me lo he creído.

«Deberíamos sentarnos para ver qué fines de semana tienes libres», decías.

Y yo, receptivo, confiado, entre otras muchas veces, recuerdo especialmente aquel día que, siendo aún octubre, te dije: «Tengo libre el fin de semana del 1 y 2 de diciembre». Y el fin de semana del 1 y el 2 de diciembre llegó. Y no hubo casa, ni Marruecos, ni encuentro. Pero sí hubo tiempo. Y no para mí.

¿Tú no recuerdas cuando te dije que yo de ti solo esperaba honestidad?

Alguna vez he pensado que, si algún día empezaba a tener sentimientos por ti y la cosa no funcionaba, me sería complicado pasar página, puesto que no había nada en ti que no me gustara. O en tu idioma: nada restaba, todo sumaba. Pero ahora que sé que lo único que te he pedido en todo este tiempo ha sido honestidad y no la ha habido, me doy cuenta de que el planteamiento no fue el correcto: no es que no hubiera nada en ti que no me gustara, es que lo único que pedía de ti no ha existido.

¿Tú no recuerdas cuando te dije que apareció alguien?

Fue fácil: te dije cómo se llamaba y de dónde era.

Tú tenías que hacer exactamente lo mismo, cambiando únicamente el nombre de su ciudad.

Yo no sé mucho de ti, pero conmigo te has equivocado. Pero tranquilo, que ya no me desgasto ni me disgusto. Simplemente no voy a entregarme a causas perdidas por el simple hecho de estarlas —perdidas—.

La sensación que me provocaste desapareció en un suspiro, y en aquel preciso instante hubo en el mundo un másqueunpasatiempo más, pero con la valentía de poder tirarlo todo. Y quién le iba a decir a este loco de la poesía que un día volvería a mirarte y no sería capaz de verte, que no sería capaz de seguir encontrando a aquel que creía que eras.

Un día te dije que me daría pena no poder seguir enseñándote en cuántas otras muchas cosas se encuentra también la poesía, y hoy solo tengo la necesidad de enseñarte dónde no se encuentra la poesía:

En las frases vacías no hay poesía.

En nuestra canción de Daddy Yankee ya no hay poesía.

En las excusas no hay poesía.

En la falta de honestidad no hay poesía.

No es despecho. No es rencor. Es desilusión.

No quiero que pienses que te guardo rencor, porque no es así. Aunque tú merezcas mi rencor, yo no merezco sentirlo. Así que (me) te (merezco) mereces mi perdón. Porque cuando una persona perdona irremediablemente la serenidad regresa, y yo merezco sentirme en calma.

Decía una escritora que admiro que no hay mayor descanso que apoyar la cabeza sobre una conciencia tranquila, y yo no sé cómo descansarás hoy, de corazón espero que bien. Lo que sí sé seguro es que yo dormiré plácidamente.

Te he entregado todo lo que tenía y tocaba, y espero que guardes un bonito recuerdo de esto, pero te repito: conmigo te has equivocado.

CONTIGO

Contigo todo era más sencillo

todo menos tú.

SIEMPRE ZARPAS

Siempre fuiste barco y yo puerto.

Yo esperándote aferrado y tú surcando mares inciertos.

Al final entendí que hay barcos que no regresan.

Porque lo que les espera en la orilla ya no les interesa.

HABITACIÓN 123

En la GR-5104 dirección a plaza Andalucía le confesé aquella experiencia casi traumática, y la mirada de aquel extranjero que, sin pensarlo, sacó aquel cúter y rajó sin titubeos la dragonera de mi bastón, salvándome entonces de todos los miedos que sentía, incluidas las risas de mis compañeros cuando yo llegara a la base de la pista y viesen las rasgaduras en mi pantalón y en mi chaqueta.

Era una forma de ponerlo alerta, una forma sutil de explicarle que la sierra se me antojaba respetuosa.

Si era capaz de hilar fino y estar más atento a mi historia que a la melodía de Sech y Justin Quiles, sería incluso una forma de hacerle ver que aquello me suponía un esfuerzo y que era una muestra más de generosidad a cambio de su disfrute, que se convertía entonces también en el mío.

En el fondo, una vez más, era una demostración de sacrificio, una demostración de lo que estaba dispuesto a hacer a cambio de su sonrisa, a cambio de un beso.

Nadie sabe que aquella noche, en la habitación 123, hubo un desvelo de un par de horas a medianoche, en el que entendí el sinsentido.

Entendí que el amor, como los sacrificios, no se merece.
El amor llega o no.
El amor no se consigue, no se gana.
El amor se da,

y se hace.

SUEÑOS

El chico que aparece en mis sueños tiene tu cara y tu voz, pero no tus intenciones.

Baila y ríe como tú, pero no me entiende igual, lo hace mejor.

El chico que aparece en mis sueños tiene tus muecas y tu olor, pero no canta nuestras canciones.
Besa y hace el amor como tú, pero no quiero soñarlo más, es agotador.

PERDIDO

Me perdí en el camino hacia tus ojos y me quedé a vivir
en el surco de tu sonrisa.

¿ME PENSARÁS?

Me pregunto si me estarás pensando.
Me surge la duda de si habremos coincidido
pensándonos, a la vez.
Yo en el supermercado, en el coche, entrenando,
trabajando, haciendo de comer.
Tú escuchando a María Carrasco tal vez.
¿Será que en algún momento he habitado tu cabeza
mientras tú habitabas la mía?
¿Será que en ese momento un hilo rojo unía tu casa con la
mía y ninguno de los dos lo sabía?
Yo creo que tú apenas me has pensado.
Pero me pregunto si ahora lo estarás haciendo.
Mi psicóloga dice que yo te pienso demasiado, y cuando
le he dicho que no le he estado mintiendo.

SOY YO

«No eres tú, soy yo», le dije.
Soy yo quien se ha creído especial y ha resultado no serlo en realidad.
Soy yo quien te ha imaginado haciéndome la cena por sorpresa un martes cualquiera cuando yo volviera de trabajar.
Soy yo quien se ha sentido infinito paseando a tu lado por calle Sierpes,
por la Alhambra
y por la Alameda del Tajo.
Soy yo quien no puede pedirte nada, porque nada me debes.

No eres tú,
soy yo
quien se hundió en el suelo de la gasolinera aquella madrugada de enero.

No eres tú,
soy yo
quien llenó la despensa de aguacates, la nevera de bebida con sabor a mango y piña, y la mochila de esperanzas desoladas.

No eres tú,
soy yo
quien se acostumbró a mirarte solo dos minutos después
de tu primera llegada, y hoy ya no encuentra tu mirada.

PARA J.: LA DESPEDIDA

No me gustaría dejarte ir,
me gustaría encontrar la manera de quedarme.
Pero no puedo hacerlo.
Sin comprometer mi calma,
no la encuentro.
Te dejo ir, pero desde la ternura.
Te dejo ir, pero sin arrepentimientos.
¿Crees que has estado a la altura?

LA CICATRIZ

NO SÉ DE TI

Hace tiempo que no sé de ti.
No sé si habrás bajado ya el ventilador al salón o si solo era cosa mía aquello de que en mayo ya hacía calor.
No sé si habrás tirado los paquetes de lomo que me dejé a la basura o si las últimas galletas que te compré aún te duran.
¿Habrás puesto ya las sábanas grises y quitado las de terciopelo?
¿Habrás tenido en ellas muchas noches de desvelo?
No sé qué estás cenando.
No sé si cocinas lo que te enseñé.
No sé si recuerdas que además de vino y ajo a las almejas les echaba limón también.
¿Sigues paseando a Lola empezando siempre la vuelta por el lado derecho de la calle?
¿Sigue ella asomándose cuando pasan coches y personas que le recuerdan a mis detalles?
No sé si siguen mis cosas en el mueble del baño.
No sé si siguen nuestras fotos colgadas o verlas te hace daño.
¿Sigues poniendo en práctica todas mis manías?
¿Sigues echándole miel al café y calentando la leche cuando está fría?
¿Habrás ido ya al *spa* que te regalé?

¿Le habrás contado ya a tu abuela que te dejé?

Hace tiempo que no sé de ti.

Y solo espero que estés bien.

FIN DE AÑO

En nuestra primera Nochevieja lo acordamos: en la uva número once nos pensamos mutuamente.
Y desde entonces,
cada 31 de diciembre,
cuando
quedan
tan
solo
dos
segundos
para
empezar
un
nuevo
año,
yo vuelvo a pensarle.

POR QUÉ NO AQUÍ

Aquí también estarán a salvo tus miedos y las dudas se quedarán al otro lado de la puerta.
Aquí también podrás gritarme al oído, susurrando, tus inquietudes. Y las madrugadas de los lunes serán como un sábado cuando te perfumas antes de salir al mundo con tu barbilla rozando tu hombro y tu cara de:
¿Qué pasa?

¿QUIÉN ERES?

(Escrito bajo la inspiración de Antonio Hard)

Soy el que usa peluca, postizos y tacones en su trabajo
como uniforme.
Soy la que se viste cada mañana por los pies, con la misma
libertad con la que lo hace ella o lo hace él.
No soy ni marioneta, ni bufón, ni veleta.
No me definen ni mis genitales ni mi *look*, así que
tampoco trates de definirme tú.
No sigo doctrinas, normas ni directrices.
Y aun así puedo tener tus mismas luchas, sueños y
cicatrices.
Soy la que llora,
el que tropieza,
la que grita,
el humillado,
la criticada,
el que calla,
la amenazada,
el desprestigiado,
la burla,
el objeto,
la sexualizada,
el bufón.
Soy el que lucha,

la que triunfa,
el que desfila,
la que posa,
el que gana concursos,
la que ríe,
el querido,
la respetada,
el que cuando cae… se levanta.

Pero… ¿y tú?
¿Te has preguntado cuál es tu papel en todo esto?
¿Te has preguntado tú quién eres tú?

EL VERANO QUE LO SALVÓ

Es verdad que él nunca lo supo. Nunca supo que su visita pendió de un hilo, y que finalmente aquel amor de verano se truncó y eso hizo que tuviese plaza asegurada —siempre a mi izquierda— todas las noches que pudo y quiso.

Pendió de un hilo, fino, porque alguien demostró sin pretextos lo que significa no tener miedo, ser valiente y darte más que un «hasta pronto», cuando «pronto» nunca es certero y llega más tarde que temprano.

Se truncó por mucho menos de lo que se truncaría su visita, pero ni las varas que usaba medían lo mismo ni el nivel de exigencia estaba a la misma altura.

No sé si lo merecías, lo que sí sé es que de un amor de verano truncado se pueden guardar más sonrisas que de un hilo fino deshilachado.

ZEN Y CIENTO

Deberías haber previsto que la magia acabaría antes de las 00:00.
Deberías,
por los dos,
haber previsto que la huida sería demoledora y que ni mis hazañas ni mis boberías evitarían que te fueras.

LISTA COMPARTIDA

Apenas queda ya nada.
Unas 375 canciones en una lista en común de Spotify,
un par de conchas en la estantería del salón
y cada vez menos recuerdos.
Las 375 canciones suman 22 h y 14 min,
y me pregunto si llegará el día en el que tantas canciones sumen más tiempo que los momentos que tú y yo vivimos juntos.
También me pregunto si añades esas canciones porque crees que hablan de ti y de mí, o solo lo haces porque te imaginas de nuevo algún día cantándolas conmigo en el coche.
Me pregunto si recuerdas el deseo que pedí con mi pestaña sobre tu índice, tomando cervezas en calle Alcazabilla, y del que nunca te hice partícipe.
Me pregunto si ~~aún me quieres~~ de verdad me quisiste.

DEJASTE DE SER INSPIRACIÓN

Uno de los poemas me recordó a él.

Temblé porque ya ni recordaba la última vez que uno lo hacía.

Y temblante, decidí escribirle:

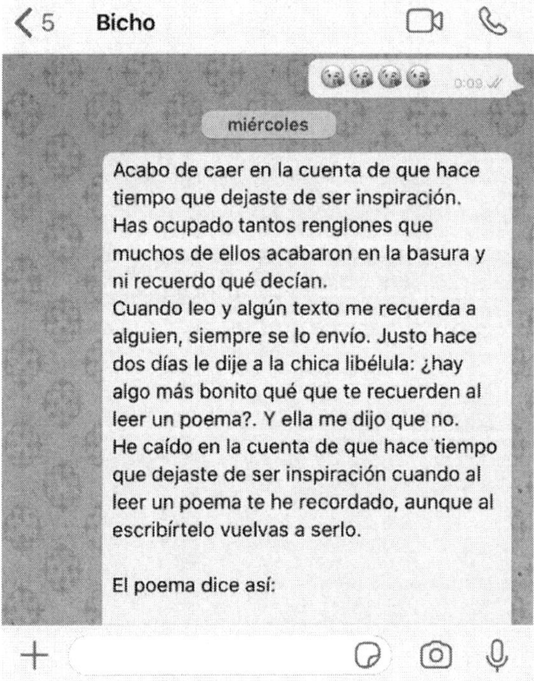

DUDAS

La reciprocidad en la duda no solo es valiosísima, también es necesaria.
Primero porque es un camino de búsqueda de la verdad.
Segundo porque, seguramente, las dudas del otro reflejan incertidumbres propias y sus intranquilidades de conciencia.
Y tercero para que no te tomen por tonto,
porque
en
mi
caso
de
tonto
tengo…

MI PRIMER POEMA

Baraja los naipes de sonrisas con las que nunca apostarías caricias. No te des por vencido si no has vivido lo que has querido. No te arrepientas de la negra dependencia de los intentos continuos, todos fallidos.

Abre los ojos con la misma fuerza con la que él cerró la Fábrica de Heridos. Sécate lágrimas, y sácate sonrisas. No repitas lo de «estuvo bien, pero todo es mejorable», que mejor será que hables de las carencias de la razón que de las razones que tiene el corazón para odiarte.

Nadie nunca te aseguró que esta vida no fuese caprichosa (rómpete los esquemas de melancolías y mentiras sentenciosas). Da un paso adelante, aunque lo que pises sea fuerte o frágil. Ignora mi imperativo si escuchas órdenes y no deseos (deseos que nunca faltaron a su cita diaria con el olvido).

Olvida el olor a amarillo y el sabor de lo desconocido. Dicta sentencia a la vergüenza, la decepción y las apariencias, que esas, esas nunca se levantaron del banquillo.

Graba en tu piel aquello que en su día viviste con la misma intensidad con la que los sueños se hacen realidad.

Aprende a olvidar para sentirte vivo, y vive aprendiendo que aún quedan flores en el camino. Rodéate de gente dispuesta a romper sus sueños para montar consultas de psicólogos clandestinos. Saborea los porqués de los «yo nunca».

Descubre la mejor manera de hipnotizar los temores que lidiaban guerras de almohadas con la parte bajera de tus sábanas. Invéntate una excusa para no pagar las deudas contraídas de tu amanecer junto a mis mañanas. Búrlate de cada uno de sus intentos por hacerte sentir inferior y quiérete a ti mismo —o vuelve al punto de encuentro de mis sacrificios con tu egoísmo—.

Coge impulso y vuela, no dejes rastros que perseguir ni las mismas heridas que te dejaron secuelas. Siente el placer de notar caer los copos sobre tu piel, y arriésgate a vivir una aventura. Recuerda que hay ciertos roces que siempre logran subir la temperatura.

No dejes de intentarlo, porque nada importa más
que
ser
feliz.

NUNCA

Nunca te giraste para observar por la ventana si hacía sol o diluviaba. Tuviste pocas oportunidades, sí, pero no lo hiciste.

Siempre fui yo quien se daba la vuelta.

Ahora creo que tampoco me observaste a mí; nunca supiste ver en mis temores, mis inquietudes o mis palancas.

Nunca supiste si mi mar estaba revuelta o en calma.

RUTINA DE UNA NOCHE

Me sorprendí tendiendo tus calcetines.
El olor a suavizante los invadió,
borrándoles el de la nieve.
Y me imaginé haciéndolo el resto de mi vida.
Era la primera vez que lo hacía,
pero esa misma noche la rutina terminaría.

QUIERAS TÚ O NO

(Escrito bajo la inspiración de Marta Caparrós)

Una vida idealizada,
quizás desde los catorce,
quizás desde antes de ser yo,
o simplemente ser.
Y es que uno intenta ser aquello que lo conmueve,
ser lo que sueña ser.
Y aquí me ves,
a los pies.
A los pies de la cama que tantas veces nos vio ser,
que me vio ser,
finalmente,
aquello que solo tú quisiste,
como siempre,
a tu merced.
Tú, que, bajo un manto de cobardía,
nunca supiste ver que yo acabaría siendo solo mía,
mía,
o de él.
Tú, que cubriste de gloria hasta el trono donde me sentaste, aunque aquel trono acabase tirado, y sin remedio, en el cajón de los desastres.
Tú, que describiste qué era nuestro «piel con piel» a la perfección, decidiste entregar la tuya a la traición.

Tú, que siempre tuviste todo lo que yo pedía, nunca logré
comprender que solo los jueves me pertenecerías.
Y tú, que llegaste cargado de temores,
intentaste cuidar de un ángel
que solo se quedó con tus errores.
Y yo,
que no aprendo que por muchos «tú» que intenten
desidealizarme soy yo la que, a raudales, no debo dejar de
amarme.
Porque yo,
quieras tú o no,
acabaré
siendo
yo.

AL OTRO LADO DEL CONTROL

Miedo.
Siempre he estado al otro lado del control, despidiéndome, siendo yo el que se quedaba.
Hoy, desde el otro lado, tras más de cuatro años sin pasar por aquí, me acuerdo de todas las personas que desde Londres, Copenhague, Mallorca, Colonia, Cancún, Ibiza, París, Chile, Roma o Tenerife han esperado alguna vez una visita que nunca ha llegado.
A todos vosotros: aquí, ahora, sigo teniendo el mismo miedo, pero sintiéndome infinitamente más valiente y libre.

YA NO TE QUIERO

Hoy he dejado de quererte.
No sé si será pasajero, fugaz, momentáneo o un espejismo, pero he dejado de quererte para quererme más a mí mismo.
Hoy he dejado de quererte.
No sé si ha sido al escuchar de nuevo tu voz o al contar las veces que sonó su nombre y el mío en la conversación, y haya vuelto a salir perdedor yo.
Hoy he dejado de quererte.
No sé si ha sido un momento de amor propio, de paz, de calma, de lucidez o de todo eso a la vez.
Pero hoy he dejado de quererte.
Y me sobra entonces la fe en que quizás mañana lo pueda volver a hacer.

MÁLAGA

Supongo que a ti también te habrá pasado. Que aun enamorado has amado mil cosas, pero odiado otras tantas.
A mí me pasó con él, que odié su extrema juventud.
O con él, que odié los minutos de espera ante la puerta del metro, porque tenía que fumar antes.
También con él, que odié su alma aventurera y nómada.
De él, odié que tardara tanto siempre en arreglarse.
De él, que nunca quisiera venir con mis amigos.
Y de él, que le diera vergüenza hablar por teléfono.
Lo mismo me pasa con Málaga.
Yo estoy plenamente enamorado de Málaga, pero odio que no sea más empleadora. Odio que aquí la gente no se ponga siempre a la derecha en las escaleras mecánicas y odio que el coche esté lleno de polvo a los dos días de lavarlo.
Pero, sobre todo, odio su aeropuerto.
Un día odié que en Málaga no pudieras pasear por Hyde Park, o que no hubiera más hoteles de la cadena Riu ni albergara la laguna de Nichupté.
Odié que una de sus calles no fuese Schildergasse y hubo un tiempo que odié que el teatro Lope de Vega no quedara a dos paradas de metro. Odio que ir de compras

sea en plaza Mayor o en calle Larios, y no sea posible
hacerlo en la Galería Vittorio Emanuele II.
Málaga: odio que a todos gustes, pero a nadie retengas.

Y aun así no puedo evitar amarte.

LA ARRUGA

EL TIEMPO TODO LO-CURA

Hoy me he acordado de aquel chico que hace siete años me dijo «el tiempo lo pondrá todo en su sitio», rebatiendo así lo que le explicaba sobre mis sentimientos.

Sospeché entonces que era un ignorante, por intentar rebatir sentimientos. Como si alguien eligiera cómo sentirse en cada momento.

Y hoy, que el tiempo ha pasado y no ha puesto nada en su sitio, lo he confirmado: se propuso ser un ignorante y lo ha logrado.

PARA A.: EL PERDÓN

No he escrito esto del tirón. Lo he hecho a ratos. En la cama, en algún semáforo en rojo, mientras se horneaba el pan, en aquel sofá barato que compré, en la playa contigo dormido al lado... y ha tenido que ser así, a ratos, porque solo así conseguiría traducir la magia que existe en pensar en tus amigos a menudo y en quererlos siempre.

De bienestar volátil y predestinado a entrar siempre en los laberintos: así te he conocido. Queriéndote perder y costándote encontrarte. Reinventándote cada día y mirando siempre al lado opuesto de los problemas: así te he vivido. Loco entre los locos, despistado y dejadillo a veces; pero cuerdo, atento, cariñoso y tiernamente vulnerable, así te he disfrutado. Amante de la libertad que te ofrecen las canciones aún no oídas, las playas aún no pisadas, las noches aún no vividas, los hombres aún no amados, los senderos aún no andados. Amante de la libertad de decisión. Y sobre todo amante de lo caduco y también de sus desdichas.

En su día, fuiste tempestad y ahora eres calma.

El 12 de un agosto a media mañana, sentí un impulso. Y me lancé a tu oído, entre titubeos. Recuerdo lo que te dije y también sé que tú no, y créeme, es así mejor. Lo que quizás sospeches, pero no sepas, era mi intención: sí, quería que lo hiciésemos. Y el que no sabía y ni siquiera sospechaba, que después de algún que otro vaivén lo que le esperaba era algo aún mejor, era yo.

Y es que no cambiaría por nada del mundo la paz y seguridad que me dan ahora tus abrazos por la volubilidad que me ofrecían entonces tus sábanas y tu cama. Que no hablen de generosidad quienes aún no te conocen. Los que aún no te conocen no saben de la poca importancia de las mentirijillas piadosas cuando son pilladas y son respondidas con un pellizco o un bocao a media sonrisa. Que no hable de dulzura quien no haya visto sobre tus hombros a su sobrino jugar contigo. Nada saben de la paciencia aquellos que no te han avasallado con sus dudas infinitas, nada.

Ojalá encontrarte siempre, aunque estés lejos de mí y tu destino sea tan recóndito que ahora mismo ni tú lo imagines. Esta carta en el fondo no es más que un intento porque nunca lleguen a ti las fieras de mi olvido. Y en este último tiempo que he podido conocerte mejor, siento que ojalá pueda encontrar tu abrazo siempre que lo necesite, porque sana.

Me arrepiento de haberme disfrazado en alguna ocasión de tentación, porque los amigos estamos para evadir y borrar las malas sensaciones. Nunca para provocarlas, nunca.

«Me alegro de que te pusieras en mi camino», me dijiste una vez.

Y yo ahora siento que «mi tierra», «mi sangre», «mi pana» o «mi llave» siempre se quedarán cortos para referirme a ti. ¿Porque sabes qué?

Si volviera a nacer,
te buscaría incansablemente
cada agosto
en la feria de Málaga,
hasta que te viera aparecer.

ME ECHABA DE MENOS

Hoy he pensado que no te echaba de menos a ti, sino a la persona que me imaginé siendo contigo.

POCALECHES

Te escribo esto desde las alturas, uno de mis mayores miedos. Sé que solo puedo hacerlo con la valentía que he aprendido de ti. Que me expliquen cómo se afronta la vida que has tenido si no es siendo tan valiente como tú has sido siempre. También me has enseñado a perseguir mis sueños y a querer siempre lo mejor para las personas que quiero, como lo haces tú conmigo: sin condiciones.

También me has enseñado a no tocar los quicios, pero eso es otra historia.

Me has enseñado millones de cosas más, y has soportado millones de preguntas que te hacía cuando era pequeño, incluso otras que te sigo haciendo ahora, no tan pequeño, y siempre has estado como yo ahora: a la altura. Por eso aprovecho también para pedirte perdón por la de veces que, ante tus dudas y preguntas, no siempre encontraste una respuesta. Al fin y al cabo, qué menos te debo que lo mismo que tú me has dado a mí, ¿no? Espero que disfrutes de tu poema como yo disfruto mis días sabiendo que estás conmigo.

Te quiero, mamá.

CON D. DE DESPEDIDA

Ayer por la mañana me quedé con las ganas de un último abrazo, pero el resto del día esperando tu llamada.

Solo temía tu huida por si hiciera que nuestra amistad se desgastara, como se desgastan las cosas cuando no se cuidan.

No estoy enfadado contigo.

Solo más triste y temeroso que anteayer.

OLOR A INVIERNO

Hoy, por primera vez desde que me mudé aquí, hacía frío por la mañana al salir de casa. Eché el cerrojo a eso de las 08:00 h y ya desde las escaleras olía a invierno. Al modo aleatorio de la *playlist* antigua que estaba escuchando le dio por poner *Prometo* en versión piano y cuerda, y recordé, justo en la última vuelta de llave, que la última vez que olí así y hacía ese frío tan temprano por la mañana fue hace nueve meses y tú ibas a mi lado.

Se me ha antojado entonces abrazarte, porque casi podía tocarte, como hacía tiempo no me pasaba.

Mi mochila pesaba más de lo normal y por un momento pensé que sería porque dentro irían las botas de la nieve, como aquella vez.

Se me ha antojado hablarte, porque casi podía escucharte, como hacía tiempo no me pasaba.

Aquella vez al volver a casa seguías a mi lado y hoy no, y se me ha antojado escribirlo, porque ya no te sentía cerca, como hacía tiempo no me pasaba.

SOIS PARACHOQUES

Seguro que conoces esa sensación de salvación que te dan algunas personas.

Es como saber que siempre tendrás un parachoques ante cualquier caída, un atisbo de calma que existe dentro incluso de las mayores de las tormentas.

Supongo que en parte es así porque tienes la certeza de que esas personas nunca serán la propia tormenta, ni el propio golpe.

Son personas que estarán cuando sientas que ya nada te queda, y piensas: qué sería de mí si no las tuviera.

CARTA A MÉXICO

Me quedan pocas cosas por decirte. Eso es bueno, es señal de la confianza que tenemos y la cercanía con la que nos tratamos, aun estando muy lejos; muy muy lejos a partir de ahora.

Nunca has sido consciente de la de temores que me has espantado solo con mirarme a los ojos y sentirte cerca, a mi lado, conmigo, en mi ciudad. Temores pasados y temores futuros.

Gracias por todo. Por cumplir tus promesas y no dejar de hacérmelas. Te espero en diciembre o enero, te espero siempre en realidad, aquí me tienes, para cuando quieras y para lo que quieras.

Ojalá seas muy feliz. Ojalá nuestra relación no cambie a pesar de las dificultades horarias, a pesar de la distancia.

Disfruta mucho de esta experiencia, quédate con cada detalle, que en diciembre o enero te hago examen y quiero que me lo cuentes todo, y así volver a sonreír como tanto te gusta, porque, aunque digas que no, una de mis mejores sonrisas es sin duda la que tú me provocas.

PARA P.

Lo que tendría que hacer cualquier hombre al cruzarse con ella es admirarla. Observar desde la barrera el arraigo de su valentía y sus promesas cumplidas.

Lo que debería hacer cualquier hombre al verla es beberle los vientos, hacerla musa y escaparate de sus bondades y sus tormentos.

Debería contemplar cómo todas sus razones desembocan siempre en la misma *Caye* por el caudal del mismo Río hasta perderlo todo por entregárselo todo.

Lo que debería hacer cualquier hombre es descubrir que, como ella misma dice, ella en sí misma es una poesía.

Y deberían leerla en braille cada noche.

FIN DEL VERANO

Punto final.
Un verano más —ni menos— que ya ha partido.
No negaré que ha estado bien, muy bien.
Un verano lleno de baile y risas, de alguna que otra canallada y cana al aire.
De despertares con el salón lleno de restos de ron y las carcajadas de la noche anterior resonando aún en las paredes.
De nuevos amigos.
De reencuentros.
Un verano lleno de guiños, de playa, de descanso y de «*amigateheechadomuchodemenos*».
De arrepentimientos, dobles, triples... de probar cosas nuevas.
Pieles nuevas también.
Un verano de «¿lo de siempre?»
y de «ponme otra», y otra...
Un verano de: te miro, me devuelves la mirada y yo te la quito —al fin y al cabo, un verano de: *aunque yo me haga el loquito, me encanta y lo sabes*—.
Un verano sin viajes físicos, con la paradoja del miedo a volar apenas empezando a ser afrontado.
Pero lleno de viajes astrales.
Y estelares.

Con los talones de Ibiza pisados;
con Madrid en los brazos;
con la chica danesa en casa
y con visitas a Italia sin salir del cuarto.

GENEROSIDAMOR

Es cierto que no concibo el amor sin generosidad, pero sí entiendo la generosidad sin amor.
Y también sé diferenciar cuando se da una y cuando se da el otro.

MARTALONA

Me quedaría en Barcelona.
En la cala Sant Francesc, con su agua y las risas en ella.
Con el H16 y sus aprendizajes en el destino, pero sobre todo en los trayectos de ida y vuelta, y con los amigos que hice en ellos también.
Con las aventuras y deslealtades de las que solo sabrán Nati y la 507.
Con las noches de soledad motu proprio, en las que releía Asíntota.
Con Sant Felip Neri, el *frappé* de caramelo y tu mano rozando la mía «como quien toca algo que se le ha caído y no quiere volver a romper».
Con Mateo y Raquel, con ellos me quedaría siempre.
Me quedaría en Barcelona, no sé si toda la vida.
Donde sí me quedaría toda la vida es en los brazos de Tona… con su generosidad ¿quién no lo haría?
Barcelona es su nombre y su olor, y es más bonita porque Marta está en ella, que te hace sentir en casa estando a miles de kilómetros.
Y eso es impagable.
Me quedaría en Barcelona.
Me quedo contigo, Marta.

EL ARREPENTIMIENTO

A veces borro poemas en arrebatos,

porque nunca debieron ser escritos.

AVE 03993

«Les rogamos que coloquen sus equipajes en los lugares destinados para ello con el fin de que no bloqueen el paso» ha sido lo último que ha dicho una de las chicas de la tripulación del AVE 03993 con destino Barcelona-Sants. Tengo solo un 55 % de batería y el día se me antoja largo. Por suerte —o casi por milagro— he cogido la batería externa, aunque ahora no recuerdo ni dónde la he guardado.

Hoy la película es *Jumanji.*

Me acompaña en este viaje un amigo, o más bien lo acompaño yo a él, pues activé el modo automático no recuerdo cuándo muy bien, y septiembre, octubre... me invitan a no desactivarlo al menos hasta que la obligación me lo grite.

Este viaje va de dejarse llevar, y no de llevar a la dejadez de viaje.

En el camino, la verdad, me voy acordando de muchas personas. De aquel hombre que ocupaba la mesa contigua en el chiringuito, que en un momento de la conversación en la que yo estaba atento recordó a uno de sus acompañantes a Heráclito y aquello de que todo está en movimiento y nada dura eternamente, y que es imposible descender dos veces el mismo río porque cuando se desciende por segunda vez ya ni el río ni tú sois los mismos. Y me pregunto ahora cuántas personas estarán de acuerdo con esto. Yo creo no ser una persona demasiado exigente en las relaciones personales, exigente en cuanto a la definición más pretenciosa: cuanto menos esperas de los demás, menos desilusiones y decepciones tendrás. Entonces, cuando lo hacen contigo, ¿la culpa es tuya o de quien esperaba algo de ti?

Sí, también os recuerdo a vosotros. Me acuerdo de aquella chica rubia que, dos filas por delante de mí, no pudo contener las lágrimas escuchando *La habitación* de Niña Pastori, y recordé la última vez que lloré escuchándola yo. Entendí entonces que las últimas veces marcan, pero también que es fácil olvidarlas, porque, tal y como pasaba con el río, ya la última vez pasó a ser aquel momento de lágrimas que compartí con aquella chica rubia sin que ella se diera ni cuenta, y así, cuando escucho esa canción, la memoria me lleva ahora a la feria de Málaga, por suerte.

Me acuerdo de los cientos de personas que visitan este mes mi ciudad, y me pregunto cuántos amores de verano estarán respirando sus calles y cuántos secretos guardarán. Puede parecer paradójico que cuando todos vienen yo me vaya, pareciendo casi que cuando planeé este viaje sospechara que necesitaría una huida, aunque solo fuese de mi conciencia que a veces no se calla.

Me acuerdo, irremediablemente, de todas las personas que me esperan en Barcelona y en Menorca. Tengo tantas tantas ganas de achucharos que la vía parece interminable.

Siempre que anhelas algo con muchas ganas, cuanto menos queda más larga se hace la espera. En mi lista de Spotify suena ahora *Mystery of love,* de Sufjan Stevens. Esta canción siempre me revuelve cosas, y hoy en particular me ha recordado a ti. A tu testarudez durante todo este tiempo desde que nuestros caminos se separaron. Siempre has buscado un acercamiento emocional disfrazado de deseo carnal. Todo el mundo comete errores y tu último error desde el momento que lo reconociste yo lo perdoné, y aunque lo siento y te perdono, nuestros caminos están ya más alejados que nunca.

Jumanji... si tuviese la posibilidad de tirar los dados y aparecer en cualquier parte del mundo, sin dudar elegiría mi hogar o Londres, sin duda elegiría a mis padres, mi hermano e Yllo.

SALVADORA DE MIEDOS

Ella, mujer soldado, mujer pasión, mujer generosa, mujer hogar, mujer valiente, mujer torbellino, mujer libélula. Ella, mujer salvadora de miedos, mujer camino, mujer impulso. Ella, imposible no quererla a ella.

BISABUELO

Nunca supe por qué ni de dónde me nacía este amor por las palabras.
Hasta que una vez me ayudaron a recordarte.
Nunca conocí al poeta que había en ti, pero he tenido la suerte de oírte en la voz de aquel que un día sí pudo hacerlo.
Debiste tener un corazón inmenso, porque solo desde esa grandeza se puede sembrar una familia tan única, generosa y unida.
Solo alguien con tanto amor por la poesía podría ser capaz de traer al mundo a personas tan sensibles.
Ella, tu hija, también me habló de ti y me cantó tus coplas.
Ella también era sensible.
Y me alegro de que fuese capaz de recordar todo aquello que —seguro— le recitabas; y de que yo pudiese ver el verdor de sus ojos cuando lo hacía.
Me alegro de que la trajeses al mundo.
Estoy seguro de que el temblor que me produce escribir o leer a otros lo heredé de ti.
Gracias por escribir e inspirarme.
Gracias por impulsarme —como hoy— una vez más a hacerlo.
Gracias, bisabuelo.

TQDC

Has sido el protagonista de algunas de las sonrisas más sinceras y eternas que me han dibujado en la cara este año. Llegaste sin que ninguno de los dos fuésemos conscientes de cuánto tiempo estaríamos presentes, de cuantas conversaciones existirían, ni de lo que el uno para el otro significaría. No quiero que tú me lo digas, no quiero que hagas balance, solo quiero que vivas tan valiente y caprichoso, y —como siempre te he dicho— tan admirable.

Yo sí voy a permitirme contarte que aquel primer abrazo que nos dimos ha sido uno de los más mágicos que he vivido este año, y que recuerdo perfectamente cómo metías tus dedos en mi bolsillo y me impulsabas hacia ti.

Me dices muchas veces que soy muy bueno, pero dime qué persona no sería bondadosa con alguien que le ha despertado el impulso de superar sus miedos más hondos, como hiciste tú esos días en los que deseaba coger un vuelo para vivir más abrazos mágicos y momentos inolvidables a tu lado. Y no me arrepiento.

Este año has tomado algunas decisiones que seguro que han sido acertadas porque te ha impulsado tu corazón a tomarlas.

Este año has hecho también algunas promesas, y aunque no las cumplas, y aunque vivas en cualquier parte del mundo, rodeado de gente nueva, haciendo cosas que no imaginabas, aunque te sorprendas sintiendo cosas que no esperabas, si algún día alguien te hace llorar, si algún día te sientes solo, y aunque pase mucho, mucho tiempo, te prometo que me encontrarás si me buscas o si no hace falta hacerlo porque siga en tu vida.

Guárdate esto por si hace falta que me lo recuerdes algún día.

Porque me siento en deuda contigo y porque quiero —como sabes— cuidar de ti. Y no hablo de amor.

Hablo de un sentimiento que seguro que está por inventar y que solo tú y yo podríamos descifrar.

Este año estará lleno de buenos momentos para ti, y espero que los puedas compartir conmigo, y que pueda abrazarte una vez más.

Te quiero de cariño.

E
L

D
E
S
T
I
N
O

Siempre hay que escuchar al destino.
Porque por muy en vertical que lo escribamos
a veces no está de nuestro lado,
o al menos no del mío.

AGRADECIMIENTOS

GRACIAS

Mamá, por enseñarme a amar sin condiciones. Por hacerme ser quien soy.

A mis abuelas, espero que allí donde estéis lo hagáis orgullosas de mí.

Papá, por haber querido siempre lo mejor para mí. Por no faltarte nunca un consejo.

Cris, por ser el hermano mayor más admirable que se podría tener. Sigo aprendiendo de ti.

A mis abuelos, que dejasteis raíces que aún hoy siento crecer.

A toda mi familia, porque sois la verdadera suerte de mi vida. Juntos, siempre triunfamos.

A todos los que os fuisteis. En realidad, seguís estando cada dia.

A mis amigas.

Ángeles, por tu sensibilidad y tu entrega. Eres la amiga que todos deberían tener.

Eva, por hacer tuyas mis lágrimas y compartirlas en silencio.

Rocío B., eres la hermana que nunca tuve.

Laila, por beberte la distancia siempre que nos hace falta.

Marta, por abrirte en canal siempre conmigo y confiarme «Quieras tú o no».

Elena, eres pura inspiración. No dejo de aprender de ti

Rocío R., por llenar mi corazón de consejos y estar siempre, sin condiciones.

Maca, por creer siempre en mí y cargarme de valentía.

Jenny, quérote moito.

Marta (Tona), por tu sensibilidad y tu generosidad.

Marina, por hacerme siempre reír con tus historias.

Patri, por ser siempre musa, como en «Para P.».

Ana, Julia, María, Ale, Carol, Ainhoa, Vero… con vosotras empecé a amar libremente. Gracias por abrirme los brazos y dejarme ser yo en ellos.

A mis amigos.

Dani, Armiche, Antu, Adri, Antonio J., Antonio, Manu, Sergio, Jorge G., Josan, Marcos, Fran… mi vida no sería la misma sin vosotros.

A todos los hombres que me habéis inspirado.

César, qué suerte que aprender a amar lo hiciese contigo.

Juan, no supimos querernos bien, pero sí mucho.

Jorge, nunca pensé que se podría amar tanto en la distancia.

Sergio, qué lujo fue vivirte. Te quiero mucho.

A Aliar Ediciones por confiar en mí incluso más que yo mismo.

A ti, que tienes El destino se escribe en vertical en tus manos. Gracias, ojalá haber estado a la altura.

Espero que nos volvamos a leer pronto.

Índice

LA HERIDA

LA CICATRIZ

LA ARRUGA

Este libro se terminó de editar en Granada
en octubre de 2025 por

www.aliarediciones.es
info@aliarediciones.es